JN122726

チャイルド社では、子育ての悩みごとにお答えする
Q＆Aシリーズを刊行しました。

さて、イソップ童話に、
「北風と太陽」というお話があります。

あるとき、北風と太陽が、旅人のマントを
どちらが早く脱がせることができるか力比べをします。
北風は、力いっぱいに強い風を吹きつけますが、
旅人は自分の身を守るために更に身をかがめ、
必死になって抵抗しました。
一方、太陽が旅人をゆっくりあたたかく照らすと、
旅人は自分から気持ちよくマントを脱いだ、
というお話です。

このお話に、子育てに大切な「幹」が感じられます。

厳しい行動や冷たい言葉、力づくで手っ取り早く
人や物事を動かそうとすると、かえって人はかたくなになる。
それよりも、あたたかくやさしい言葉をかけたり、
安心する状況をつくることで、
人は自分から行動するようになるというものです。

子育ては決して、むずかしくありません。
私たちのこころのなかに、子どもに寄り添う
あたたかな気持ちさえあれば、小さな芽は自分の力でやさしく、
強く育っていきます。

保護者のみなさまのお力になれれば幸せです。

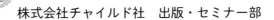

株式会社チャイルド社　出版・セミナー部

CONTENTS

INDEX

PART 2

からだの発達の悩み

からだと こころの発達

子どもの成長にまつわる 悩みに答えます。

子どもは生まれながらにして、
成長・発達する力をもっています。
しかし、そのスピードや過程は
一人ひとり違います。

育児本を読んで
「書いてあることと違う」と思ったり、
ほかの子と比べて
「あの子はできるのに、うちの子は…」
と心配になってしまうことも
あるかもしれません。

でも、親の不安は子どもに伝わるので、
むやみに不安がるのはよくありません。

安心して育児に向かえるよう、
悩みにおこたえしていきます。

4

子どもの発達の姿

子どもの発達には個人差があります。
ここに示したものは、あくまでも目安です。
「こうでなければいけない」と考えず、
働きかけや環境を工夫するための手がかりにしましょう。

おおむね6か月未満

・首がすわり、手足や全身の動きが活発になる
・視覚、聴覚などの感覚が発達する
・泣く、笑うなど表情の変化やからだの動き、喃語などで欲求を表現する
・応答的にかかわる特定の大人との情緒的な絆が形成される

おおむね6か月から1歳3か月未満

・座る、はう、立つ、歩くなど運動機能が発達し、手先を意図的に動かせるようになることで探索活動が活発になる
・特定の大人との絆が深まる一方で、人見知りが始まる
・自分の意思や欲求を身振りなどで伝えようとし、大人から自分に向けられた気持ちや簡単な言葉が理解できるようになる

おおむね1歳3か月から2歳未満

- 歩き始め、手を使い、言葉を話すようになることで、身近な人や身のまわりのものに自発的に働きかけていく
- 大人の言うことがわかるようになり、自分の意思を大人に伝えたいと言う欲求が高まる
- 指差しや身振り、片言などを使うようになり、二語文も話し始める

おおむね2歳

- 歩く、走る、跳ぶなど基本的な運動機能や指先の機能が発達する
- 食事、衣類の着脱など身のまわりのことを自分でしようとする
- 排泄の自立のための身体的機能が整う
- 語彙が著しく増加し、自分の意思や欲求を言葉で表出できるようになる
- 自我の育ちの表れとして強く自己主張する姿が見られるようになる

おおむね3歳

- 基本的な運動機能が伸び、食事、排泄、衣類の着脱などがほぼ自立する
- 話し言葉の基礎ができ、盛んに質問するなど知的興味や関心が高まる
- 自我がよりはっきりしてくるとともに、友だちとのかかわりが多くなる。しかし、実際には同じ場所で同じ遊びをそれぞれが楽しんでいる「平行遊び」であることが多い

おおむね4歳

- 全身のバランスをとる能力が発達し、からだの動きが巧みになる
- 自然など身近な環境に積極的にかかわる
- 想像力が豊かになり、つくったり描いたり試したりするようになる
- 仲間とのつながりが強くなるなかで、けんかも増えてくる
- 決まりの大切さに気づき、守ろうとする
- 身近な人の気持ちを察し、少しずつ気持ちを抑えたり、がまんするようになる

おおむね5歳

- 基本的な生活習慣が身につき、運動機能はますます伸び、仲間とともに活発に遊ぶ
- 言葉によって共通のイメージをもって遊んだり、目的に向かって集団で行動することが増える
- 遊びを発展させ、楽しむために自分たちで決まりをつくったり、自分なりに考えて判断したり、批判する力が生まれる
- 人の役に立つことをうれしく感じる気持ちが育つ

おおむね6歳

- 全身運動が滑らかで巧みになり、快活に跳びまわるようになる
- 予想や見通しを立てる力が育ち、心身ともに力があふれ、意欲が旺盛になる
- さまざまな知識や経験を生かし、創意工夫を重ねる
- 自然現象や社会事象、文字などへの興味や関心が深まる
- さまざまな経験を通して自立心が高まっていく

参考：保育所保育指針

友だちと遊ばず親にまとわりつく

4歳の娘は降園後、公園などに行っても友だちと遊ばず、親にまとわりついています。親のそばを離れるのが不安で仕方ないようです。どうしたら友だちと遊べるようになりますか？園でも先生の近くにいることが多いようです。

 親も友だちの輪の中に入り、一緒に楽しむ

友だちと一緒に遊びたい気持ちがあるけれど、どのように輪の中に入っていけばよいのか迷う気持ちや恥ずかしさがあって、なかなか友だちと遊べないのでしょう。そのような気持ちでいるときに、親から「遊んでおいで」と言われても、よりいっそう不安な気持ちになってしまうだけです。

そこで、まずは親も一緒に輪の中に入って遊んでみましょう。ずっと遊ぶ必要はありません。最初の5分だけ、きっかけをつくるだけでいいのです。友だちと遊ぶ経験をすることで、子どもは「こんな感じか」とわかります。何度も経験をくり返すなかで、次第に不安が消えていくでしょう。

親と離れることを不安に感じる子どものケア

・子どもとのスキンシップを十分にとる

・親の不安定さが子どもに伝わっている場合もあるので、自分自身を振り返る

・子どものそばを離れる場合は、「○○しに行くから待っていてね」と理由を伝え、約束は必ず守る

自己主張ができない

いつも友だちの言いなりで、自己主張できないのが気になります。せがまれるまま友だちにおもちゃをあげたり、ずっと鬼をさせられたりしていて、見ていて歯がゆいです。

 ## ふだんの生活のなかで、
自分の思いを言葉にする練習を

　気持ちがやさしいお子さんなのですね。いいところは認めながらも、自分の意見はきちんと言えるようにしたいですね。

　そのために、まずはふだんの生活のなかで親が「いまは何がしたい？」「おなかすいたね、何が食べたい？」などと、子どもの意思を聞く機会を増やしていきましょう。

　答えは決して急かさず、子どもが自分の思いを言葉にできるまでゆっくり待つようにします。そして、子どもが言ったことについては否定せず、「そうか、ホットケーキが食べたいんだね、じゃあ一緒に作ろうか」などと、できるだけそのまま受け入れます。自分の思いが叶えられる経験を重ねることで、子どもは「自分の意見を言ってもいいんだ」という自信がついてくるはずです。

子どもの自己主張を育てるには

子どもの話をきちんと聞く

何かを伝えようとしたとき、大人にきちんと聞いてもらえたという経験は子どもの自信につながり、自分の思いを人に伝える意欲が育つ。

子どもの先まわりをして援助しない

子どもが自分の希望を口に出す前に大人がかなえてしまうと、自分の思いを人に伝えようとする意欲が育たない。子どもが自分で伝えるまで待つことが大切。

友だちと遊べない

４歳の娘は、園でいつもひとりで遊んでばかりいるそうです。コミュニケーション能力がないのでは、これからも友だちができないのでは、と心配でたまりません。

 ## 友だちとかかわる機会や環境を意図的に増やす

一人遊びも大切ですが、この年齢であれば、友だちとかかわりながら遊ぶ経験もしてほしいですね。いつも同じ環境にいるだけでは、新たなきっかけを見つけることができません。そこで、親が意図的に、いろいろな友だちとかかわることができる機会や環境をつくってみましょう。いつもとは違う集まりに行ってみたり、ママ友親子を誘って遊んでみたり、何でも構いません。

ただし、子どもが友だちとかかわろうとしないからといって、親が横から口を出して無理に遊ばせようとはしないこと。まずは一緒にいる楽しさを感じられるようにすることから始めます。子どものペースを大切にしながら、自然な形で友だちと交流できるようにしていきましょう。

なお、親が「いろいろな人と交流を！」とがんばりすぎて負担になってしまうようでは、元も子もありません。親子の時間もたっぷりととり、こころにゆとりをもちながら進めていきましょう。

子どもの友だち遊びの発達過程の目安

3歳 小さな集団で、他者を意識しながら遊べるようになる

4歳 ４～６人のグループで一緒に遊べるようになる

5歳 役割やルールをつくって、それを守りながら遊べるようになる

こころの発達の悩み

Q4

すぐに癇癪をおこす

ビルを作ろうと積んでいたつみ木が崩れてしまった、思うようにボタンがはめられない、食べたかったお菓子を弟に取られてしまったなど、些細なことでキーッとなる3歳の息子。物を投げたり、相手に当たったりなど暴力もふるいます。

A 「できると思ったのに！」と葛藤している
子どもの気持ちをくみ取り、やわらかく対処を

　自分で考えながら行動できるようになる時期です。それだけに、やろうと思っていたことがうまくいかなかったときに、悔しかったり残念だったりする気持ちも高まります。しかも、その気持ちをうまく言葉にできないので、子どもの頭の中はパニック状態に。そんな子どもの状態を理解したうえで、やわらかな対処を心がけます。

　少し落ち着いたころを見計らい、「何が気に入らないのか」を聞いてみましょう。大人からすれば理解しにくいことを言うかもしれませんが、復唱するように気持ちに寄り添う言葉をかけてください。子どもは「わかってくれた」と安心し、だんだんと気持ちをおさめることができるようになります。

基礎知識

子どもが「やりたい」「でも、できない」と
葛藤しているときの言葉かけ

自分でやろうと
がんばっている
のね

せっかく自分で
やろうとしているのに、
うまくいかないといやな
気持ちになるよね

手伝って
ほしいことは
あるかな？

自分でできるまで
待っているね

こころの発達の悩み
5

言うことをきかない

4歳の息子は、親の言うことをききません。「そろそろごはんだから、おもちゃを片づけて」「ハミガキをしよう」などと言うと、すぐ「いやだ」。反抗的な態度にどう対応していいかわかりません。

 ## 子どもが聞く耳をもつような
アプローチに変えてみる

　親が何か言ったとき、子どもからすぐ「いやだ」と返ってくるということは、いつも同じことを言い続けているのではないでしょうか。子どもは聞き慣れてしまい、聞く姿勢をもてなくなってしまっているように思えます。そこで、いままでとはアプローチを変えてみるようにします。

　例えば、「〜しなさい」という言い方ではなく、「あと少しでごはんの時間になるけど、お絵描きはどれくらいで終わりそう？」と聞いたり、「ハミガキをするのと、顔を洗うのと、どちらを先にする？」と子どもに選択させたりなど。

　「ほかに何かやりたいことがあるの？」と聞いて、子どものしたいことを受け入れていくと、親がしたいことも受け入れてくれる関係性ができていきます。

言うことをきかない子どもへの対応

子どもの話をきちんと聞き、いったん受け入れる	「そうなんだね」「あなたの気持ちはわかったよ」と言葉に出して認める。
具体的に説明する	「〜だから、やってはいけない」「〜だから、こうしてほしい」と理由を言う。
伝え方を変える	「静かにして」ではなく、「口を閉じて声を出さないで」など、いつもと違う伝え方を工夫する。
気分をのせる	早く片づけてほしいときなど、「早く片づけて」ではなく、「片づけ競争をしようか」などと誘い、子どもの気分をのせる。

Q6 こころの発達の悩み

PART
1

自己中心的な行動が目立つ

友だちに指図することが多く、自己中心的な行動が目立つ4歳の娘。おもちゃやお菓子を独り占めすることも。相手と譲り合って仲よく遊べるようになってほしいのですが。

A 子どもの気持ちを尊重したうえで、
相手の心情を知らせ、
どうしたらいいか考えさせる

「こうしたい」という気持ちをもつのは、悪いことではありません。自己中心的だという否定的な見方をせず、自分の意思をはっきりもつ子どもだととらえ、そのよさを生かす子育てを考えましょう。

そのためには、子どもの気持ちを尊重したうえで、相手の気持ちにも配慮するように伝えていくことが大切です。たとえば、おもちゃを「貸さない」と言うとき、「そうか、いま使っているから貸したくないんだね」と認めながらも、「○○ちゃんもおもちゃを使いたいみたいだよ。ど

うする？」と、相手の心情を知らせたうえで、子どもに考えさせてみます。

まわりが気持ちを理解してくれたことに気づけば、相手に譲ろうとする気持ちが必ず芽生えてくるはずです。

基礎知識

わがままを言う子どもへの対応

子どものわがままは、自分の意思を相手に伝えようとしているサイン。

✕ 否定的な言葉で返す　子どもは悲しい気持ちになり、誰の話もきかなくなる。

○ 子どもの気持ちに寄り添った言葉で返す　子どもは認められたと感じ、相手の気持ちを考えたり、状況を理解しようとする余裕が生まれる。

こころの発達の悩み

Q7

すぐに抱っこをせがむ

遠出をすると「疲れたから抱っこ」、家の中でも何かというと「抱っこ」。もう4歳なのに甘えを許していいのか、迷います。からだが大きいほうなので、まわりの目も気になります。

A 抱っこは、こころのよりどころ。
気がすむまで抱っこしてあげて

子どもが抱っこを求めるのは、こころの安定を得たいからです。お母さんのひざの上は、子どもにとってこころから甘えられる居場所です。

遠出をすると「抱っこ」というのは、体力的に疲れて歩きたくないからというよりは、気持ちが疲れているのかもしれません。家の中でも、何か不安な気持ちになることがあるのかもしれません。親としては「もう4歳なのに、自立が遅いのではないか」と不安になるかもしれませんが、しっかり甘えさせた子ほど自立は早いものです。安心して甘えさせてあげてください。

子どもを抱っこから下ろす方向にもっていく場合は、子どものいまの気持ちを聞いたり、まわりの情報を知らせたりなど、子どものこころを安定させてからにしましょう。

基礎知識

十分な「甘え」が子どもの成長に与える効果

コミュニケーション能力が育つ	自己肯定感が育つ
相手を思いやる気持ちが育つ	有能感が育つ
何でも挑戦してみようとする意欲がわく	

妹が生まれて赤ちゃん返り

先日、妹が生まれてお姉さんになった3歳の娘。しっかりした子でしたが、妹がおっぱいを飲んでいると自分も飲みたがったり、ごはんを食べさせてもらいたがったり。予想外の赤ちゃん返りに困惑しています。

 あえて「上の子優先」に切り替え、
子どもが下の子を受け入れる余裕をもたせる

下の子が生まれると、どうしても上の子より下の子の世話を優先してしまいます。生活面に関してある程度自立している3歳の子には、「自分でやって」などと、つい言ってしまうかもしれません。そんな言葉をかけられると、子どもは自分のことも見てほしい、という気持ちになり、下の子のようなふるまいをして、注目してもらおうとするのです。

そこで、あえてここは「上の子優先」に切り替えます。自分がないがしろにされていないと理解すれば、上の子に余裕ができ、下の子をかわいく思う気持ちが生まれてくるはずです。

 基礎知識

きょうだいができたときの上の子への対応

・上の子と2人だけの時間をつくり、十分に甘えさせる
・「お兄ちゃん（お姉ちゃん）だから」と、がまんさせたり待たせたりしない
・下の子のお世話を手伝ってもらい、手伝ってくれたら「ありがとう」とほめる
・「あなたがいちばんかわいい」と抱きしめる

生活の自立の悩み

Q9

一人で寝られない

添い寝をしないと寝られない5歳の息子。いまは和室に親子川の字で寝ています。来年小学校に上がるのに、いつまで一緒に寝ていていいのか、悩みます。

A 子どもにとって、添い寝は大切な憩いの場。寝る前にホッとできる時間を別につくることでしだいに一人寝ができるようになる

子どもは、幼稚園や保育園で1日がんばって過ごしています。その気の張りをいやすために、1日の終わりに添い寝を求めるのかもしれません。親はつい「もう5歳なんだから、一人で寝なさい！」と言ってしまうかもしれません。すると子どもは、「自分で寝ないと」という心理的なプレッシャーからさらに不安になり、より一層親から離れなくなります。

寝る前に、1日がんばったことを振り返って話したり、数分抱きしめてから布団に入るなど、ホッとできる時間をつくってみましょう。徐々に一人で寝られるようになっていきます。

基礎知識

子どもだけで寝るようになった年齢

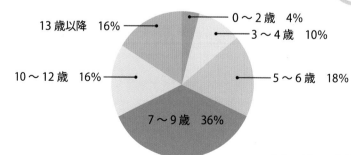

- 0～2歳　4%
- 3～4歳　10%
- 5～6歳　18%
- 7～9歳　36%
- 10～12歳　16%
- 13歳以降　16%

出典：ベネッセ教育情報サイト
https://benesse.jp/kyouiku/201510/20151001-2.html

生活の自立の悩み
10

テレビを見続ける

テレビを途中で消すことができません。ごはんの時間になり、声をかけても「まだテレビが終わってない」と言い、テレビを見続けます。無理やりテレビの電源を切ると、大泣き。どうしたらよいでしょうか。

視点を変え、言い方を工夫してみても。あらかじめ、テレビを消す時間を予告しておくのもよい

　視点を変えて、例えばこんなふうに言ってみたらいかがでしょう。「楽しそうね。何の番組？」「○○ちゃん、お待たせ！　いまごはんができたから、いつでも食べられるよ」「作っている間、テレビを見て待っていてくれてありがとう」。

　子どもは、いつもと違う言い方に驚くとともに、自分の行動をほめられたことに対して喜びを感じます。そして、相手の言葉を安心して受け入れるようになります。そうなったとき初めて「じゃあ、テレビを消してごはんを食べようか」と言うと、もしかしたら素直に言うことを聞くかもしれません。

　いきなりテレビを消すように言うのではなく、テレビを見る前に「この番組が終わったらごはんを食べようね」と予告しておくことも、前もって気持ちの準備をしておくために必要です。

基礎知識

子どもの自制心を育てるには

子どもが気持ちを切り替えて、次の行動にスムーズに移るためには以下の方法が効果的。

・予告して、次の行動へのこころの準備期間をつくる

・予定表を書き、生活の流れをイメージできるようにする

・子どもの行動にとことんつき合い、満足させる

きょうだいげんかへの対応

２歳と４歳の息子は、すぐにけんかをします。２歳の息子がお兄ちゃんのものを何でも欲しくなって、何も言わずに奪い取ろうとするのが原因のことが多いです。どうおさめればいいのか悩みます。

A 子どもの気持ちを大事にすることで、子ども同士も互いにやさしく接することができるようになる

子どもの成長のためにはある程度のけんかは必要です。けんかをしてもシコリを残さないきょうだいげんかを経験できることは、いまの時代、貴重な機会です。基本的には無理にけんかをおさめようとせず、そばで見守るようにします。

また、手が出るなど親が間に入らざるを得ない場合でも、どちらかを悪いと決めつけたり、どちらかにがまんを強いたりしないことが大切です。双方の言い分をよく聞き、「お兄ちゃんのものが欲しかったんだね」「でも、そんなことをしたら、お兄ちゃんだっていやになると思うよ」などと、子どもの気持ちをわかっていることを言葉で示していきましょう。自分の気持ちを大事にしてもらえていると感じられれば、互いにやさしく接することができるようになると思います。

基礎知識

夫婦の最終的な子どもの数

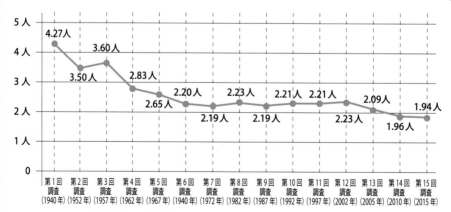

注：対象は結婚持続期間15〜19年の初婚どうしの夫婦（出生子ども数不詳を除く）
参考：「第15回出生動向基本調査」国立社会保障・人口問題研究所

生活の自立の悩み

12

落ち着きがない

常に落ち着きがなく、いつもチョロチョロと動き回っています。園でも座って先生の話が聞けていない様子です。来年は小学生になるので、何とかしたいと思うのですが…。

 好奇心の強い子どもにありがち。
ゆったりと見守ることで、
年齢とともにしだいに落ち着くことも

　まわりの世界への好奇心が強い子ほど、いろいろな刺激にすぐに反応してしまい、落ち着きがなく見えることがあります。年齢とともに子どもに注意力、理解力、操作力などが育っていけば、しだいに落ち着いてくるものです。一対一で会話をするなど、ゆったりとものごとに取り組む場面を増やしながら見守りましょう。

　年齢が上がったり、大人の対応を変えてもあまり変化が見られない場合は、発達の遅れによる落ち着きのなさであることも考えられます。園とも相談しながら、専門家と相談することも必要です。

 基礎知識

子どもに落ち着きがない場合に考えられる原因

何にでも
興味がある

自分の
思い通りにし
たい

かまって
ほしい

遊びたい
欲求を
抑えられない

ストレスが
たまっている

ADHDの
可能性がある

ママが泣きたい

Message

子どものもって生まれた力を
信じましょう

子どもの「自分でできた」を応援しましょう

1

歩きたがらない

3歳の娘は、すぐに「疲れた」と言って歩くのをいやがり、
いまだにベビーカーを使っています。運動不足が心配です。

A 自ら歩きたくなるように
「歩いた先に楽しいことがある」と知らせる

　買い物など、大人の都合で子どもをつきあわせる外出の場合、無理に歩かせなくてもよいのではないかと考えます。ベビーカーに乗りたがるなら、乗せてしまってもよいでしょう。

　運動不足は、ほかのところで解消しましょう。長く歩く経験をしてほしいなら、子どもにとって楽しいところ、例えば公園やおもちゃやさんなどを目指して歩いてみてはどうでしょう。

　「歩いた先には公園があって、ブランコで遊べる」「おもちゃやさんに着いたら、一つだけ好きなおもちゃを選ぶ」そんな楽しい目的があれば、子どももがんばって歩くのではないでしょうか。

子どもがからだを動かす際に大切なこと

生涯にわたって心身ともに健康に生きるために、子ども（幼児）は1日合計60分以上、楽しくからだを動かすことが望ましい。そのために大切なことは以下の3点である。

1	**2**	**3**
多様な動きが経験できるようにさまざまな遊びを取り入れる	楽しくからだを動かす時間を確保する	発達の特性に応じた遊びを提供する

参考：「幼児期運動指針」文部科学省

2

運動が苦手

4歳の息子はかけっこが遅く、ボール遊びやなわとびなども
うまくできません。本人も苦手意識をもっているようで、最
近は外遊びに消極的に。男の子なので、人並みに運動ができ
るようにしたいのですが。

できる・できないとは関係のない外遊びに誘い、からだを動かすことが楽しい経験を積ませていく

　年齢が低いうちは、できる・できないに関係なくからだを動かすことを楽しん
でいた子どもも、競争心が芽生える4歳ごろから、友だちと自分を比べるように
なります。その結果、劣等感を感じ、自信をなくすこ
とも少なくありません。

　この時期の子どもに大切なのは、運動ができるよう
になることではなく、「からだを動かすことが楽しい」
と感じることです。そこで、まずはおうちの人と一緒に、
できる・できないとは関係のない外遊び（おしくらま
んじゅうやかくれんぼなど）に誘って、楽しいと感じ
ることから始めましょう。そして、楽しく遊べたこと
自体を評価し、次につなげていきましょう。

なわとびが苦手なときは、なわ回しから

手首を回す動きが身についていないと、なわとびがうまくできない。まずは、手首を使っ
てなわを回す遊びから始めるとよい。

なわ回し

1 なわの片端を柱などに結びつけて、まずは右手で回す

2 右手で回せるようになったら、左手で回す

3 なわを柱から外して4つ折りにし、からだの横で回す

4 体の横で回しながら、なわが下にいったときにジャンプする

タイミングを合わせてジャンプができるようになったら、なわとびにチャレンジを

からだの発達の悩み

3

手先が不器用

5歳の娘は、折り紙や工作など手先を使う遊びが苦手です。
不器用を直す方法はありますか。

原因の多くは経験不足。生活のなかで手先を使う機会を増やして様子を見る

　不器用の原因としていちばんに考えられるのは、経験不足です。ふだんの生活のなかで、親が手を貸し過ぎていることはありませんか。衣類の着脱やぞうきんを絞る、洗濯ものをたたむなど、できるだけ子どもにやらせるようにして、手先を使う機会を増やしてみましょう。

　また、手先を使う遊びでは、折り紙がおすすめです。どこでも気軽に楽しむことができ、集中力がつき、でき上がったときの達成感を味わうことができます。

　心配なのは、障害が隠れている場合です。大きな障害であれば、歩行開始が遅れたり、麻痺があったりなどで早い段階で気づきますが、微細な障害の場合は、ほかの子どもとの差が目立つような年齢になるまで気づけないこともあります。どうもおかしいと思われる場面があれば、園での様子を聞いてみたり、専門医の診察を受けるなどしてみることも大切です。

折り紙で遊ぶときの約束

手先をしっかり使えるよう、折り紙の基本も伝えていきたい。

角合わせ
辺合わせは
きちんとそろえて
折る

折り筋を
きっちりつける

作品ができ上がったら
一緒に喜ぶ

からだの発達の悩み

言葉が遅い

2歳の息子は、「ママ」「あっち」などの単語でコミュニケーションはできますが、二語文が出てきません。まわりのお友だちに比べて、かなり遅れているようで気がかりです。こちらの言うことはわかっているようです。

A 何気ない行動にも言葉を添え、子どもの言葉には必ず応答を

幼児期の発達には個人差があり、なかでも言語能力には大きな開きがあります。ゆっくりでも語彙が増え、言葉を発する回数が多くなっているなど成長が見られるなら、もう少し様子を見てもよいでしょう。

そのうえで、家庭で言葉をかける回数が少なくないか、テレビに子守をさせることが多くないかなどを振り返ってみます。何気ない行動にも言葉を添えたり、子どもの言葉には必ず応答するなどを心がけ、絵本の読み聞かせなども並行しながら、子どもの言葉を引き出しましょう。

さまざまな対応を心がけても変化が見られない場合は、ほかに原因がある可能性もあります。専門家の判断を得ることも検討していきましょう。

子どもの言葉を育てる遊び

言葉を使った遊びを展開していくことも、子どもの言葉を育てるために効果的。

なぞなぞ
3歳ごろから

しりとり
4歳ごろから

伝言ゲーム
5歳ごろから

だじゃれ
5歳ごろから

早口言葉
5歳ごろから

からだの発達の悩み

5

おねしょが治らない5歳児

日中のオムツはすっかり取れましたが、園のお昼寝中や夜、毎日のようにおねしょをします。発達に問題があるのではと心配です。

焦らず、ゆったりと対応し、絶対に叱らないことが大切

　排泄の発達は個人差が大きく、本人もしようと思って失敗しているわけではありません。ですから、絶対に叱らないことが大切です。「また？」とか「恥ずかしいなあ」などという言葉も厳禁です。

　5歳児は羞恥心もめばえているので、園には、ほかの子の目に触れないよう配慮してもらいましょう。もし知られてしまっても、親自身が「たいしたことはない」という態度を続けましょう。

　同時に、かかりつけ医などに相談してみてもいいでしょう。

基礎知識

「おねしょ」と「夜尿症」

おねしょ	夜寝ている間におもらしをすること。2歳で2人に1人、3歳で3人に1人、4歳で4人に1人、5歳で5人に1人がおねしょをすると言われている。
夜尿症	5〜6歳を過ぎても月に数回以上、「おねしょ」をする場合、「夜尿症」と診断される。一般的には、小学生になっても「おねしょ」が続く場合に夜尿症の治療をおこなう。

指しゃぶりをする3歳児

指しゃぶりをするくせが抜けません。友だちに笑われるのではないか、また、歯並びにも影響するのではと心配です。やめさせるよい方法はありますか。

しぜんにやめられることが多いので、
気にせずそのまま見守って。
楽しい活動で気をそらす工夫も

　指しゃぶりなど、それをしていると気持ちが落ち着いたり、安心できることは、子どもだけではなく大人にもあります。無理にやめさせるとストレスになり、別の面で影響が出ることも少なくありません。成長とともにしぜんにやめられることが多いので、深刻にとらえすぎず、見守りましょう。

　同時に、楽しい活動をすることで、指しゃぶりを忘れる時間をつくるなどの工夫もしていきます。

　ただし、あるときから急にくせが始まった場合は注意が必要です。下の子が生まれた、引っ越ししたなどで何かストレスを抱えているのかもしれません。原因を見極め、そのストレスが少しでも軽くなるよう対策を考えていきましょう。

「チック」とは

まばたきをくり返す、咳払いをするなど、からだの一部にみられるくり返しの動きや言葉で、くせの一種

はっきりとした原因はわかっていないが、生まれつきチックを起こしやすい脳の体質であろうと考えられている

多くは1年以内、1～2か月で消えることもある

ストレスのために脳が緊張して症状が出てきている場合もあるので、ストレスの原因を見つけて取り除くと症状が消える場合もある

突然、どもり始めた

元気で明るい5歳の息子。突然、どもるようになりました。引っ越しなどで環境が変わったせいでしょうか。どう対応したらよいでしょう。

 安心できる生活環境を整えるとともに「治そう」と意気込まないことが大切

まだ口腔内の機能の発達が十分でない場合、話したいという意欲に機能が追いつかず、どもってしまう場合があります。これを生理的吃音と言います。

5歳児で、突然始まったとのことなので、おそらく口腔内の機能の問題ではなく、生活のなかでストレスを感じていることが原因でしょう。

まずは、できるだけ子どもが安心して生活できるような環境を整えていくようにします。また、「小学校入学までには治そう」などと意気込まないことです。どもりを注意すると余計にひどくなります。長い目で見守ってあげてください。

 基礎知識

吃音（どもり）とは

吃音は、話し言葉がなめらかに出ない発話障害の一つ。

・音のくり返し（連発）　例：「か、か、からす」

・引き伸ばし（伸発）　例：「かーーらす」

・言葉を出せずに間があいてしまう（難発、ブロック）　例：「……からす」

同じ遊びしか、しない

3歳の息子は、ミニカーを並べて遊んでばかりいます。ほかの遊びには興味を示しません。友だちや親が並び順を変えたりすると怒ります。

A ほかに気になることがないかをチェック。
専門家の判断が必要な場合も

ほかに気になることはありませんか。

園などで集団行動がとれない、言葉が出ない、対応にどことなく不自然なところがある、話しかけられているときに視線が合わない、大きな音やにぎやかな環境が苦手など。これからの様子が見られる場合、知的・情緒的な発達に遅れがある場合もあります。

園とも相談しながら、専門家の判断を得る必要があるでしょう。

基礎知識

発達が気になるときは

専門の診療科や地域の福祉施設などに相談を。

相談先

(小児科) (児童精神科) (保健センター) (児童相談所) (発達障害者支援センター)

など

犬に負けた!?

Message

子どもの生きる力を信頼し、
成長を支えていきましょう

なかよしだんご♥

Message

子どもも自分も

ありのままを受け止めて

スタッフ

監修　　　柴田豊幸
執筆　　　竹山 豪（パピーナ西荻北保育園）
漫画　　　小道迷子
イラスト　鈴木穂奈実（チャイルド社）
デザイン　ベラビスタスタジオ
編集協力　こんぺいとぷらねっと

チャイルドＱ＆Ａシリーズ
子育て困った！にお答えします
からだとこころの発達

発行日　2019年1月15日　初版
発行人　柴田豊幸
発　行　株式会社チャイルド社
　　　　〒167-0052　東京都杉並区南荻窪4丁目39番11号

ISBN978-4-925258-26-5
©Child 2019 Printed in Japan